Les Souvenirs
DE LAFLEUR,

OPÉRA-COMIQUE EN UN ACTE,

PAROLES

DE MM. CARMOUCHE ET DE COURCY,

MUSIQUE

DE M. HALÉVY.

REPRÉSENTÉ POUR LA PREMIÈRE FOIS,
SUR LE THÉATRE ROYAL DE L'OPÉRA-COMIQUE,
LE LUNDI 4 MARS 1833.

PRIX : 1 FR. 50 CENT.

PARIS,
QUOY, LIBRAIRE-ÉDITEUR,
Boulevart Saint-Martin, n° 18;
ET BARBA, LIBRAIRE, PALAIS-ROYAL.

1833.

IMPRIMERIE DE DAVID,
RUE DU FAUBOURG POISSONNIÈRE N. 1.

Les Auteurs.

Aux faveurs du Public nous avions peu de droits ;
Qu'à toi seul aujourd'hui tout le succès revienne.
Il faut pour réussir, disait-on autrefois,
Savoir faire parler LA DÉESSE AUX CENT VOIX ;
Nous avons bien mieux fait ; nous avons pris la tienne.

PERSONNAGES.	ACTEURS.
Le Baron DE VALBONNE.	M. Henry.
ADRIEN, son Neveu.	M. Et. Thénard.
LAFLEUR, Valet de chambre de M. de Valbonne.	M. Martin.
Madame DE SURVILLE, jeune Veuve.	Mlle Clara Margueron.
DUCHÊNE, Marchand de Bois.	M. Léon.
LABRICHE, vieux Jardinier.	M. Duchemin.
Villageois, Villageoises.	
Ouvriers.	

La Scène est dans une terre de M. de Valbonne, à 40 lieues de Paris.

LES SOUVENIRS DE LAFLEUR,
OPÉRA-COMIQUE EN UN ACTE.

(Le Théâtre représente un parc fermé d'un côté par un mur et une porte à barreaux donnant sur la campagne; un pavillon à gauche du spectateur; dans le fond, plusieurs allées de haute-futaie praticables et une espèce de saut-de-loup; des chaises de jardin, et une table près du pavillon.)

SCÈNE PREMIÈRE.

M. DE VALBONNE[1] *à Labriche, dans le fond, à la gauche du public.*

Tu vas faire mettre les chevaux à la calèche, et tu m'enverras Lafleur sur-le-champ... (*Labriche s'éloigne*) Dieu merci, Adrien a fini par entendre raison, il me reste à donner les dernières instructions à mon confident Lafleur... le plus adroit et le plus malin des valets que j'aie jamais rencontrés... Je l'entends, je crois.

SCÈNE II.

M. DE VALBONNE, LAFLEUR.

LAFLEUR, *à la cantonnade.*

Non, marauds que vous êtes, vous ne devez jamais sortir sans votre livrée... c'est comme si un soldat sortait sans son uniforme...

M. DE VALBONNE.

A qui en as-tu donc?

LAFLEUR.

A un malotru qui... Mais ce n'est rien, M. le baron, et me voilà à vos ordres.

M. DE VALBONNE.

Eh bien, mon cher Lafleur, je viens de voir mon neveu, et il restera dans mon château.

---

[1] Les acteurs sont placés en tête de chaque scène comme ils doivent l'être au théâtre, le premier inscrit tient la gauche du spectateur.

LAFLEUR.

Depuis huit jours que vous nous avez envoyés ici tous les deux, il s'est ennuyé pour six mois... et de valet de chambre, moi je me trouve transformé en geôlier... sans savoir au juste par quel motif.

M. DE VALBONNE.

Tu connais aussi bien que moi la conduite de mon neveu. Après l'avoir élevé comme mon fils, je veux lui faire obtenir une place honorable et brillante... le lancer dans la diplomatie, et il refuse !...

LAFLEUR.

Diable ! c'est une belle partie... j'aurais aimé ça, moi... j'ai manqué deux fois d'entrer dans la diplomatie ; en qualité de cocher...

M. DE VALBONNE.

M. Adrien se fait prier pour être secrétaire d'ambassade! et cela, pour ne pas s'éloigner de sa cousine dont il est amoureux... monsieur voudrait un état à domicile.

LAFLEUR.

Oui, millionnaire, par exemple ; je crois qu'il aurait de la vocation.

M. DE VALBONNE.

Son séjour à Paris l'entraînait dans des étourderies de tout genre qui compromettaient sa liberté et qui pouvaient lui nuire auprès de ses protecteurs. Je n'avais donc pas de meilleur parti à prendre que de l'enfermer ici, à quarante lieues de la capitale... Ses créanciers, ses amis et sa cousine ne viendront pas le chercher là, et il ne sortira de ce château que pour aller... où le ministre voudra bien l'envoyer.

LAFLEUR.

Monsieur, si vous m'aviez consulté, je vous aurais dit tout bonnement : marions notre jeune homme avec sa cousine, et la raison lui viendra avec l'amour conjugal et les enfans.

M. DE VALBONNE.

Ce mariage n'aurait pas le sens commun. Sa cousine,

quoique veuve, n'est guère plus raisonnable que lui... je l'ai entendue plusieurs fois se déclarer ouvertement contre la diplomatie et les absences qu'elle entraîne.

LAFLEUR.

Ah! oui... ça se conçoit, parce que, dans les missions secrètes, il est défendu d'emmener sa femme avec soi.

M. DE VALBONNE.

De plus, avec le caractère léger que je leur connais, je pense qu'ils feraient fort mauvais ménage. Aussi, par précaution, je viens de parler à Adrien de sa cousine de manière à décourager la passion la mieux conditionnée...

LAFLEUR.

Oui, j'entends... des préservatifs...

M. DE VALBONNE.

Ainsi, te voilà bien au fait : redouble donc de surveillance; aucune espèce de communication au-dedans, ni au-dehors... j'ai donné des consignes en conséquence : pas d'argent à sa disposition... qu'il travaille, qu'il répare le temps perdu, qu'il médite sur les devoirs qu'il aura à remplir... (*Lafleur sourit*) Eh bien! cela te fait rire, toi!...

LAFLEUR.

Je ris malgré moi de vous voir si raisonnable, si sévère... entre nous, vous avez été jeune aussi dans votre temps, M. le baron.

M. DE VALBONNE, *riant malgré lui*.

De quoi diable viens-tu me parler?

LAFLEUR.

Ah! vous riez! vous riez, monsieur le Baron!... Vous étiez étourdi aussi et amoureux, jetant l'argent par les fenêtres... comme M. Adrien... et moi, que j'étais beau, entreprenant, effronté, vif comme la poudre, menteur intrépide... je vous menais une intrigue!... je me serais jeté au feu pour vous... Que de fois j'ai grelotté en vous attendant avec le petit cabriolet jaune!

M. DE VALBONNE, *lui frappant sur l'épaule en riant*.

Bavard!

LES SOUVENIRS
DUO.

LAFLEUR.
Ce sont des titres à l'honneur,
Qu'un bon valet jamais n'oublie ;
Je le sens, quand on fut Lafleur,
On s'en souvient toute la vie.

M. DE VALBONNE, *à part.*
Temps passé d'amour, de bonheur,
Le cœur jamais ne vous oublie ;
Il a raison, ce cher Lafleur,
On s'en souvient toute la vie.
(*haut*) Allons, il n'y faut plus penser ;
Ces souvenirs nous font injure...

LAFLEUR.
J'en ferais autant, je vous jure,
Si c'était à recommencer.

M. DE VALBONNE.
Mauvais sujet !...

LAFLEUR, *souriant.*
            Parlez pour deux...

M. DE VALBONNE.
Silence, maraud ! je le veux !

LAFLEUR.
Vous aimiez assez la dépense...

M. DE VALBONNE.
J'en conviens, j'aimais la dépense.

LAFLEUR.
Un minois vous mettait en feu...

M. DE VALBONNE.
Les belles me plaisaient un peu.

LAFLEUR.
Vous aimiez même aussi le jeu ?...

M. DE VALBONNE.
Oh ! par exemple ! pour le jeu ?...

LAFLEUR.
Du brelan ayez souvenance ?

M. DE VALBONNE, *regardant si on l'écoute, passe à droite.*
Allons, c'est vrai, mais ventrebleu !
Sur cela gardons le silence ;
Il est inutile, je pense,
D'aller le dire à mon neveu.

LAFLEUR, *qui a regardé si on les écoute.*
Vous rappelez-vous l'aventure
Chez ce gros fermier-général ?...
Sa maitresse ?... dans sa voiture ?...
Et puis, l'abbé votre rival ?...
Et chez Nicolet la princesse ?...
Et la présidente à mortier ?...
Et madame la vicomtesse
Qui chez vous perdit un panier ?
Et puis enfin la grande histoire
Avec la femme d'un ami ?...
Et puis encore...

M. DE VALBONNE.
As-tu fini ?
Mon Dieu ! la maudite mémoire !

LA FLEUR.
Billets pathétiques
Que j'ai portés,
Que j'ai dictés ;
Maris pacifiques,
Que j'ai dupés,
Que j'ai trompés ;
Femmes charmantes,
Beautés touchantes,
Qui vivez dans mon souvenir,
Portez ma gloire
Et ma mémoire
Jusques aux siècles à venir !...

M. DE VALBONNE.
Allons, de tout il va se souvenir !
Quelle mémoire,
Eh, quoi toujours
De tels discours...
Laisse ta gloire
Et tes bons tours,
Oui, pour toujours,
Car à notre âge,
Il n'est pas sage
De tant parler de ses hauts faits ;
Le temps nous presse...
Et la sagesse
Change les plaisirs en regrets.

J'ai, grâce au ciel, oublié tout cela ;
C'est pour moi de l'histoire ancienne...
####### LAFLEUR.
La goutte veut, par ci, par là,
Que la mémoire vous revienne...
ENSEMBLE.
####### LAFLEUR.
Billets pathétiques,
Que j'ai portés,
Que j'ai dictés, etc.
####### M. DE VALBONNE.
Billets pathétiques,
Qu'il a portés,
Qu'il a dictés, etc.

####### M. DE VALBONNE, *fesant le mouvement de s'en aller.*

Allons, en voilà assez... instruis-moi de temps en temps de la conduite de mon neveu; je vais à quelques lieues plus loin, pour régler des comptes de fermage, et de là je retourne à Paris.

####### LAFLEUR.

A propos de comptes, j'oubliais... M. Duchêne, vous savez... ce marchand de bois... est venu plusieurs fois me demander si vous aviez l'intention de faire une coupe cette année dans le parc?

####### M. DE VALBONNE, *appuyant.*

Non, non, du tout.

####### LAFLEUR.

Ça suffit, Monsieur, je lui dirai cela, il doit revenir aujourd'hui.

####### M. DE VALBONNE.

Adieu, mon page! (*Il remonte la scène.*) Que vois-je venir là bas?... je ne me trompe pas... c'est ma nièce... quel contre-tems!

####### LAFLEUR.

Oui, ma foi, c'est Madame de Surville!

####### M. DE VALBONNE.

Je me charge de la recevoir : cours auprès d'Adrien, et fais en sorte qu'il ne puisse diriger ses pas de ce côté.

LAFLEUR.

Je vais faire servir le déjeûner, et je vous réponds de le retenir au moins pendant une heure.

(Il sort promptement, par la gauche en saluant Mad. de Surville qui entre du même côté.)

SCÈNE III.

MAD. DE SURVILLE, M. DE VALBONNE.

MAD. DE SURVILLE, *en entrant à Labriche qui la conduit.*

Merci, mon ami, ne va pas plus loin, c'est à M. de Valbonne que je veux parler, et le voici. (*Elle descend la scène, Labriche sort.*)

M. DE VALBONNE.

Vous ici, madame?...

MAD. DE SURVILLE.

On dirait que cela vous contrarie, mon cher oncle, je suis venue passer quelques jours chez la marquise de Lucy... un de ses gens m'a assuré qu'on avait vu votre voiture, et j'espère que M. le baron me pardonnera d'avoir osé pénétrer dans son castel, sans m'être fait annoncer...

M. DE VALBONNE, *galamment.*

Je regrette seulement de n'être pas l'unique objet de votre visite...

MAD. DE SURVILLE.

Je viens peut-être vous parler d'un autre ; mais c'est vous seul que je cherchais.

M. DE VALBONNE.

Je vous demande pardon d'avoir pû vous supposer encore quelque intérêt pour un étourdi, qui n'est plus digne...

MAD. DE SURVILLE.

Ah! mon dieu, vous dites cela avec un air d'assurance... expliquez-vous !

M. DE VALBONNE.

Je ne vous dirai pas qu'il perd son tems, qu'il néglige de se faire un état... vous vous moqueriez de moi ; un jeune homme qui n'a rien à faire est toujours si aimable!...

MAD. DE SURVILLE

Je pense qu'un jeune homme doit se créer des occupations, chercher à se faire un nom dans le monde... mais pour l'amener à ce but, les conseils et la persuasion valent mieux, je crois, qu'une sévérité cruelle.

M. DE VALBONNE.

Et moi, je soutiens que j'ai bien fait de l'enfermer.

MAD. DE SURVILLE.

Enfin, je sais déjà que mon cher cousin est paresseux : combien a-t-il encore de défauts ?

M. DE VALBONNE.

Il fait des dettes, et il ne les paie pas.

MAD. DE SURVILLE.

Il les paiera... donnez-lui du temps.

M. DE VALBONNE.

Je lui donnerais tout le temps qu'il voudrait... ce n'est pas moi qui lui ai prêté... mais ses créanciers n'ont pas tant de patience.

MAD. DE SURVILLE, *effrayée.*

Ah! mon Dieu, ce pauvre cousin... courrait-il quelques dangers ?

M. DE VALBONNE.

Mais on le cherche à l'heure qu'il est, et je ne lui conseillerais pas de sortir de ce château.

MAD. DE SURVILLE.

Et vous le laissez dans une telle position ! c'est affreux... vous êtes injuste à son égard...

M. DE VALBONNE.

Non, je vous assure que c'est un très-mauvais sujet.

MAD. DE SURVILLE.

Non... il faut avoir un peu d'indulgence.

M. DE VALBONNE, *avec mystère et gravement.*

Vous le défendez parceque vous ignorez... mais, voyons! si je vous disais là, bien en secret, que le malheureux a pu vous être infidèle.

MAD. DE SURVILLE, *troublée.*

Ah!... alors... c'est un fort mauvais sujet. Mais contez-moi... (*Vivement*) On parle, sans doute, de mademoiselle de Monval : je m'en doutais.

M. DE VALBONNE.

Oui... oui, justement, mademoiselle de Monval. (*A part*) Moi qui cherchais un nom !

MAD. DE SURVILLE.

Il était reçu chez sa mère ; il y allait fort souvent, vous ne pouvez pas le nier : je sais tout.

M. DE VALBONNE.

Oui, il est question d'une lettre... d'un certain portrait...

MAD. DE SURVILLE.

Une lettre ! un portrait ? Et ce pauvre Sainville, qui l'avait demandée en mariage ! Ah ! c'est indigne ! une de-demoiselle qui sort de pension ! Du reste, je suis enchantée que M. Adrien ne m'aime plus... car, vous le savez, j'aurais peut-être eu l'imprudence de l'épouser.

M. DE VALBONNE.

Ah ! mon Dieu, je l'aperçois. (*A part*) C'est qu'il ne se gênerait pas pour me donner un démenti.

MAD. DE SURVILLE.

Vous concevez que sa présence... de ma vie... je ne veux le revoir ! (*M. de Valbonne offre son bras d Mad. de Surville ; ils sortent par la petite porte à droite, dont il tourne la clef et la repousse.*)

SCÈNE IV.

ADRIEN, seul, les suivant des yeux.

C'est elle ! je n'en puis douter... comment se fait-il qu'elle soit venue ici ?... Mon oncle, qui m'assurait qu'elle était sur le point d'en épouser un autre... M'aurait-il trompé ?... J'y suis maintenant, elle se rend chez la vieille marquise, au château voisin... La voilà près de moi... Il faudra bien que je la voie, que je m'explique. Mon oncle a beau me faire surveiller, quand je devrais sauter par dessus les murs du parc... Allons, encore ce diable de Lafleur !... toujours à la suite... Un joli petit groom qu'on m'a donné là... avec sa goutte et ses préjugés.

SCÈNE V.

LAFLEUR, *accourant*, ADRIEN.

LAFLEUR. (*Il porte quelques volumes qu'il pose sur la table, près du pavillon*).

Monsieur Adrien... Ah! je vous cherchais. Je viens d'avoir une fameuse alerte pour vous, allez !

ADRIEN.

Eh! bien, voyons, qu'est-ce que tu as, avec ton air effaré ?

LAFLEUR.

Figurez-vous qu'il vient de vous arriver des visites, des connaissances de Paris... des créanciers...

ADRIEN, *avec joie*.

Des connaissances ?... (*Il fait un mouvement pour sortir*).

LAFLEUR.

Des créanciers !...

ADRIEN, *revenant sur ses pas*.

Comment ? en es-tu sûr ? c'étaient ?

LAFLEUR.

Des commis-voyageurs de Sainte-Pélagie... qui font, à ce qu'il paraît, une tournée départementale pour recruter quelques fils de famille aux environs des maisons de campagnes et des petites villes.

ADRIEN.

S'ils se répandent sur les grandes routes, on ne pourra plus voyager qu'après le coucher du soleil.

LAFLEUR.

Du reste, fort polis... «Mille pardons, monsieur, m'ont-ils dit, nous croyions être chez Monsieur Adrien. Mais, nous sommes incapables de violer le domicile de M. le baron de Valbonne. »

ADRIEN.

Je le crois bien.... ils n'en ont pas le droit!

LAFLEUR.

« On nous a assuré que le neveu était dans les environs...

» et nous attendrons que le hasard nous procure le plaisir
» de le rencontrer. »

ADRIEN.

Ainsi, me voilà cerné !

LAFLEUR.

Oui, Monsieur, vous voilà en état de siège.... Si vous mettez le pied dehors, vous êtes pris.

ADRIEN, à part.

Impossible d'aller voir ma cousine..... et par qui faire porter une lettre ?.... car on me tient ici au secret !...

LAFLEUR.

Il faut travailler, Monsieur ; c'est bien là le moment, quand on n'a rien de mieux à faire. Monsieur, votre oncle vient encore de vous apporter une provision de livres. Les œuvres de M. Machiavel, d'un M. Montesquieu.... Tous ouvrages nouveaux.... Les livres, c'est une société.

ADRIEN.

Oui, c'est bien gai!... Maudit château ! si je tenais celui de mes aïeux qui en a posé la première pierre ...

LAFLEUR.

Quand vous direz du mal du château, ce n'est pas sa faute.

ADRIEN, avec humeur.

Laisse-moi.... je ne connais que les hiboux et toi, qui puissiez-vous y plaire.

LAFLEUR.

Monsieur, pas de personnalité ; ce château a été habité par des gens.... qui, sans amour-propre, en valaient bien d'autres.

ADRIEN.

Quelques imbéciles!

LAFLEUR.

M. de Valbonne et moi, rien que cela! il y a des souvenirs historiques attachés à ces murs.

ADRIEN.

Tu vas me faire croire qu'on s'amusait ici... en tout cas, c'est bien changé!

LAFLEUR.

Oh! dam, je ne vous parle pas d'hier, c'était en... 87.

M. votre oncle avait fait quelques fredaines, et feu M. son père, qui n'entendait pas raillerie, l'avait mis ici dans ses meubles.

ADRIEN.

Mon oncle? ah! c'est excellent! comme moi?

LAFLEUR.

Ah! mon dieu! la même répétition; c'est pour vous dire que nous y trouvions encore moyen de vivoter... de passer quelques petits momens agréables... mais c'est, que dans ce tems-là, les jeunes gens avaient de l'imagination!......

ADRIEN.

Oui, et de la poudre.

LAFLEUR.

De la poudre, de la poudre!... c'est possible, mais ils avaient d'autres têtes! et avec vos cheveux à la Titus, vous ne devineriez jamais ce que nous faisions. Les jeunes gens d'aujourd'hui s'imaginent qu'ils font la vie de garçon, parce qu'ils vont chez Tortoni, au balcon des Bouffes, au foyer de l'Opéra; qu'ils parlent politique, qu'il s'amusent à faire des vers, des vaudevilles... des bêtises... ce n'est pas ça... et les domestiques, sont-ils niais?... de vrais Jocrisses... ils ne savent que dire : « oui, Monsieur, non, Monsieur, la personne n'y était pas... j'ai laissé la lettre chez le portier.... ou bien, ils sont là dans leur cabriolet, à lire des romans... ça fait hausser les épaules, ça fait pitié!... ce n'est plus le sang des Lafleurs qui coule dans leurs veines!

ADRIEN, *riant de sa chaleur*.

Calme cette noble indignation.

LAFLEUR.

C'est l'orgueil de la livrée qui se réveille en moi, Monsieur!

ADRIEN, *voulant le faire causer*.

Mais, dis moi donc ce que vous faisiez?

LAFLEUR, *avec bonhomie*.

Figurez-vous, M. Adrien, que ce diable de jeune homme... Monsieur votre oncle... qui a l'air si sage maintenant, faisait entrer, en cachette, par la petite porte du parc (*il la montre*) ... je ne peux jamais penser à cela sans rire!...

ADRIEN, *avec intérêt.*

Qui donc faisait-il entrer ? des amis intimes... Hein ?

LAFLEUR.

Du tout.... mieux que ça.... des amis ! ça n'aurait pas été drôle... il fait entrer une petite femme déguisée en laitière... qui était, pardieu, fort appétissante.

ADRIEN.

Déguisée en laitière?.. (*A part*) C'est bon à savoir. (*Haut*) Qui est-ce qui aurait dit ça de mon oncle pourtant ? Ah çà!... c'était une jeune fille qu'il voulait épouser ?

LAFLEUR.

Je ne vous dirai pas... Tout ce que je sais, c'est qu'il est resté garçon.... Il écrivait tous les matins à sa dame.

ADRIEN, *vivement.*

Ah! il écrivait.... voyons un peu.

LAFLEUR, *montrant à gauche.*

Et il faisait porter sa lettre par un petit bonhomme attaché au château... Il est encore ici; le voyez-vous, là-bas ?

ADRIEN, *se retournant avec vivacité.*

Le petit bonhomme !

LAFLEUR.

Oui, ce vieux, qui ratisse la grande allée ; il avait de bonnes jambes dans ce temps-là, le père Labriche...

ADRIEN.

Ah! çà... Et toi ! qu'est-ce que tu disais de tout cela ?

LAFLEUR.

Tiens, moi, je trouvais ça magnifique. Ah! dame! dans ce temps-là, j'étais jeune et superbe..... un bon farceur, toujours de là.... sur la hanche, le chapeau sur l'oreille, la main dans la veste, je vous regardais une Lisette, une Marton!... et quelquefois même une grande dame.... Faut rien dire....

AIR.

RÉCITATIF.

Ah! de tels souvenirs, oui, mon orgueil s'honore !
Semblable au vieux soldat qui redit ses exploits,
Au temps de mes hauts-faits, il me semble être encore,
Et je me rajeunis en parlant d'autrefois.

LES SOUVENIRS

J'étais un héros d'antichambre,
Adroit, malin, hardi, menteur,
Frisé, coquet, parfumé d'ambre...
Des valets j'étais l'Empereur.
On m'avait surnommé Lafleur,
Et je méritais bien, d'honneur,
Le noble surnom de Lafleur!...
A l'intrigue élevez un temple,
Et je m'y présente à l'instant.
Car de mes tours je puis citer plus d'un exemple.
En moine, un jour, dans un couvent,
Je pris une dévote face...
Un air contrit et repentant
Avait remplacé mon audace...
Je chantais sur un ton nouveau :
(nazillant) «Est-il une plus douce place
«Que d'être le pasteur d'un si joli troupeau.»
Ah ! quel plaisir, quand j'étais en voyage,
Courant la poste jour et nuit,
Bravant et la pluie et l'orage,
Je savais, grâce à mon esprit,
Trouver bon souper et bon lit.

Car, j'ai long-temps parcouru le monde.
J'ai su briller en tous pays,
Et l'on m'a vu, nouveau Joconde,
L'effroi des tuteurs, des maris.
Parfois je quittais la livrée
Et l'habit m'allait bien, d'honneur...
De gloire, un jour l'âme enivrée
D'un *village je fus Seigneur.*

Et quand à la fête
D'un certain
Village voisin,
Je me mis en tête
De prendre l'air bête
Et calin :
Séduire une soubrette,
«*Simple, naïve et joliette,*»
Ce fut l'affaire d'un instant.
Et même encore maintenant

Je dirais à femme jolie :
« *Douce beauté, je t'en supplie,* »
Cède à la voix du sentiment ;
Par ton amour, charme ma vie,
Ou bien, je meurs de mon tourment...
Et la belle y viendrait vraiment,
Oui, même encore maintenant,
Quand j'aperçois gente brunette
Au minois fripon et lutin,
Je regarde encor la fillette,
Séduit par un démon malin.
Je crois revoir encor Lisette,
Ou bien Julie, ou bien Rosette,
Enfin tout ce peuple soubrette
Que je n'aimai jamais en vain.
Je sens encor, de veine en veine,
Se glisser la flamme soudaine
Qui venait embrâser mon cœur.
Alors, comme dans ma jeunesse,
Je dis, plein d'une noble ivresse :
Je suis toujours, toujours Lafleur!

ADRIEN.

Maintenant, tu es tombé dans les hommes de confiance.. Quand le diable est vieux.... Mais à l'époque dont tu parles, mon oncle n'avait donc pas de surveillans ?

LAFLEUR.

Bah! des surveillans... ils n'étaient pas de force à lutter avec deux gaillards, qui étaient venus à bout de se procurer même de l'argent, dans une situation comme celle-là.

ADRIEN.

Bah! vraiment? de l'argent aussi? (*Il prête la plus grande attention*).

LAFLEUR.

C'était le coup de maître. (*Changeant de ton*) Mais c'est une histoire trop longue ; je m'amuse-là à bavarder, et je vous empêche d'étudier.... Travaillez, M. Adrien, soyez sage.

ADRIEN, *préoccupé.*

Oui, Lafleur, oui, je profiterai de tes avis ; va à tes affaires.

LAFLEUR, *à part.*

J'en fais tout ce que je veux, moi... Il y a toujours de la ressource avec les jeunes gens.... C'est la manière de les prendre.   (*Il sort.*)

SCÈNE VI.

ADRIEN, *seul, très-vivement.*

La ruse me paraît assez neuve. Ce diable de Lafleur devrait faire comme les ministres et les jolies femmes, écrire ses Mémoires.... Ce serait un manuel excellent à l'usage des jeunes gens qui ont encore des oncles...

(Il est entré dans le pavillon et se met à écrire.)

Chère cousine,

« Je n'ose me présenter chez Madame de Lucy, qui est si
» rigide, si austère, dans la crainte de vous compromet-
» tre. » Il est inutile de lui parler de ma sûreté individuelle.
(*Continuant*). « Venez, je vous en conjure.... point de let-
» tres, elles ne me parviendraient pas. Si vous craignez
» d'être reconnue, je vous propose une idée bien folle, bien
» romanesque, et dont vous serez bien enchantée.... (*Il
» continue à marmotter tout bas.*) Venez donc me rendre le
» repos, la vie, le bonheur ; je vous attendrai près de la
» petite porte du parc. »

(Il plie la lettre et met l'adresse.)

« Madame de Surville, chez la marquise de Lucy. Très-
» pressée. »

(Il se lève et sort du pavillon.)

Maintenant, le petit bonhomme... Justement le voilà qui accourt tout doucement.

SCÈNE VII.

ADRIEN, LE PÈRE LABRICHE.

ADRIEN.

Ecoute donc, père Labriche.

LABRICHE.

Voilà ! M. Adrien, voilà !

ADRIEN.

Porte bien vite cette lettre à son adresse. (*Il lui donne la lettre*) et prends garde que Lafleur....

LABRICHE.

(*Fausse sortie*). Je voulais dire, il y a-t-il réponse ?

ADRIEN, *souriant*.

S'il y a une réponse, elle viendra toute seule !... Tu devrais déjà être parti...

LABRICHE.

Ah! à propos de lettre, en v'là une autre qu'un jeune homme m'a donnée, et que je voulais vous glisser en cachette. (*Il la cherche*).

ADRIEN.

Voyons, donne, et va-t-en.

SCÈNE VIII.

ADRIEN, *seul, ouvrant la lettre*.

Eh ! c'est de l'ami Jules... ce bon garçon, il pense à moi! (*Lisant*) « Mon cher et malheureux ami, je suis dans ce
» pays ; je voulais te parler, mais je n'ai pu me faire ou-
» vrir les portes de ta forteresse. J'ai eu l'honneur de ren-
» contrer dans les environs quelques-uns de tes capita-
» listes; pour deux mille écus ils arrêteront les poursuites
» contre toi, et te donneront du temps. C'est une bagatelle
» que tu peux te procurer facilement... je t'aurais offert la
» somme... mais je suis moi-même un peu gêné.

» Ton dévoué,

» JULES DE FONTBEL. »

Deux mille écus... il appelle cela une bagatelle ! quand je pense que je sortirais d'ici; que j'épouserais ma cousine! mais j'y songe! ce vieux bavard de Lafleur qui disait qu'autrefois il avait trouvé le moyen de se procurer de l'argent... O Lafleur !... Lafleur !... bientôt, grâce à toi, j'espère voir pénétrer ici l'amour... mais, je t'en prie, mets le comble à ta gloire, mon ami, fais-moi payer mes créanciers!...

RONDEAU.

Oui, grâce à ta mémoire,
Je veux
Que les neveux
Aspirent à la gloire
D'imiter leurs aïeux.

En suivant les tours exemplaires
De nos respectables parens,
Prouvons que l'exemple des pères
N'est pas perdu pour les enfans.
Paraissez mes nobles ancêtres,
Je vous invoque tour-à-tour,
En ce jour, je vous prends pour maîtres
En gloire, en folie, en amour!

Oui, grâce à la mémoire
De tant d'exploits fameux,
Je prétends à la gloire
D'imiter mes aïeux.

Dans les castels du moyen âge,
Afin de gagner l'éperon,
De même on voyait jeune page
Suivre de loin noble baron :
O mon oncle, vous que j'admire,
Quand j'aurai brisé mes verroux,
Vous ferez bien, je crois, d'en rire,
Car si vous entrez en courroux,
Vous me forcerez de vous dire :
» Mon oncle, j'ai fait comme vous.

» Aujourd'hui la mémoire
» De vos exploits joyeux,
» M'a conduit à la gloire
» D'imiter mes aïeux. »

Mais j'entends Lafleur... (*Il regarde*) Quelle est donc cette figure qui cause avec lui?... serait-ce par hazard une des visites de ce matin?... Écoutons un peu.

(*Il se tient à l'écart derrière un arbre à droite du public*).

SCÈNE IX.

DUCHENE, LAFLEUR.

DUCHÊNE, *d'un air contrarié.*

Comment là, bien vrai, M. de Valbonne ne veut pas faire une coupe c'te année-ci?

LAFLEUR.

Nous nous en sommes expliqués ce matin, mon cher.

DUCHÊNE.

J'ai une fourniture de bois de charpente à faire, et ces baliveaux, ces sapins, ça m'aurait ben été... pas'que, voyez-vous, en coupant çà, en sciant çà, ça vous fait de bons étages et ça se place sur le pavé de Paris.

LAFLEUR.

J'en suis désolé, mon maître n'a envie ni de bâtir ni de vous vendre son bois... D'ailleurs, vous êtes un peu Arabe... vous ne payez pas assez...

DUCHÊNE.

C'te fois-ci, je n'aurions pas regardé à quelqu' chose de plus...

LAFLEUR.

Nous n'attendons pas après cela, mon cher... nous ne sommes plus au temps où M. de Valbonne, pour avoir de l'argent et payer ses dettes, faisait dégringoler les arbres du papa.

ADRIEN, *dans le fond, à mi-voix.*

Que dit-il?

DUCHÊNE.

Bah! M. de Valbonne?

LAFLEUR, *riant.*

Oui! votre père, le vieux Duchêne ne vous a pas conté cette histoire-là... Elle est excellente... Mon petit diable, le baron actuel, était enfermé ici, et il avait besoin d'argent, parce qu'à vingt-cinq ans on a beau avoir tout ce qu'il vous faut, il vous manque toujours quelque chose... Le papa était serré, il n'en donnait pas... Alors, que fait mon gaillard s'arrange avec M. Duchêne, votre père, et il fait faire, c. :chette, une coupe dans le parc...

DUCHÊNE.

Ah! c'est bon, c'est bon !

ADRIEN, *avec joie et à part.*

Voilà mon moyen.

LAFLEUR.

Il fallait voir ! pif! paf! on taillait en plein drap... cinquante bûcherons travaillaient et les arbres tombaient comme la grêle !... Tenez, c'était là... (*Il montre sa droite*) Il n'y paraît plus... Quel dommage que les hommes ne repoussent pas de même !...

ADRIEN, *à part, passant à gauche.*

Oh ! j'y suis, essayons. (*Il disparaît, on l'entend dans la coulisse qui appelle comme s'il était loin*). Lafleur.... Lafleur !

LAFLEUR.

Ah ! ah ! M. Adrien m'appelle..... Qu'est-ce qu'il y a de nouveau ?....

DUCHÊNE, *à Lafleur qui va pour sortir.*

J'avions pourtant l'intention de vous donner un joli pot-de-vin...

LAFLEUR, *revenant.*

Mais si... qu'il est enfant !... donnez toujours, ça servira pour le marché de l'année prochaine...

ADRIEN, *de loin.*

Lafleur !...

LAFLEUR, *imitant avec sa main le porte-voix.*

Me voilà!... attendez-moi, mon cher ami, nous reprendrons le pot-de-vin où nous l'avons laissé.]

(Il sort précipitamment par la troisième coulisse.)

SCÈNE X.

ADRIEN, *qui a tourné derrière les arbres*, DUCHÊNE.

ADRIEN, *riant.*

Oui, va me chercher.

DUCHÊNE, *à part.*

Le neveu de M. de Valbonne. (*Haut, ôtant son chapeau*). M. Adrien, j'sommes ben vot' serviteur.

ADRIEN, *d'un ton indifférent.*

Couvrez-vous donc, M. Duchêne ; vous n'auriez pas vu Lafleur ? je le cherche.

DUCHÊNE.

Pardon, excuse, M. Adrien... Qu'est-ce qu'il vient donc de me dire, M. Lafleur, que vot' oncle ne voulait pas faire de coupe dans son parc ?

ADRIEN.

Oh ! non, c'est moi qui lui ai conseillé de ne point en faire.

DUCHÊNE.

Vous, M. Adrien...

ADRIEN.

Oui, c'est moi que ça regarde maintenant ; je suis chargé de faire valoir les biens de mon oncle. C'est même pour cela que je suis venu habiter ce château.

DUCHÊNE.

Mais pourquoi donc que vous l'empêchez de faire des affaires ?

ADRIEN, *avec importance.*

Pourquoi, Monsieur ! parce qu'on faisait faire à mon oncle des marchés de dupes.

DUCHÊNE.

Mais cependant, si l'on vous offrait un bon prix ?

ADRIEN.

Alors je ne dis pas ; mais je vous préviens que cette année nous serions très exigeans, nous n'avons pas besoin de vendre... (*A part*) Voyons-le venir...

DUCHÊNE, *à part.*

Oui, mais moi, j'ons besoin d'acheter. (*haut*) Je n'allons pas par quatre chemins, ça vaut sept cents francs l'arpent.

ADRIEN, *se récriant.*

Oh ! votre offre n'est pas raisonnable.

DUCHÊNE, *à part.*

Il paraît qu'il entend les affaires.

ADRIEN.

Oh ! je ne suis pas si facile que l'ancien régisseur Lafleur ; je m'y connais, et quoique intendant je suis honnête.

4

DUCHÊNE.

On voit bien que vous commencez!... mais pour vous prouver que j'ons envie d'acheter, j'irons à huit cents francs (*à part*) et je n'y perdrons pas.

ADRIEN, *négligemment.*

C'est bien! c'est bien! nous parlerons de cela l'année prochaine. (*Il le regarde et rit sous cape*).

DUCHÊNE, *à part.*

L'année prochaine! morguè! j'manquerons la fourniture que je dois livrer dans huit jours; une affaire superbe... allons les grands moyens!... (*haut.*) Eh bien! tenez, M. Adrien, terminons en; décidez-vous tout de suite... j'en prendrons cinquante arpens... et au premier coup de coignée... je vous donnerons six mille francs d'épingles pour madame, si vous êtes marié.

ADRIEN, *à part, vivement.*

Du bénéfice pour mon oncle... un pot-de-vin pour moi, je suis né pour les affaires.

DUCHÊNE.

Ça vous va-t-il?

ADRIEN.

Touchez-là, M. Duchêne...

DUCHÊNE, *joyeux.*

Allons donc!...

ADRIEN.

Voilà qui est dit... Allez rassembler vos ouvriers... (*Ici on entend la ritournelle de l'air suivant. Il aperçoit Madame de Surville à travers les barreaux de la petite porte; à part*) Ma cousine! (*Il va vivement ouvrir la petite porte.*) (*haut*) mais allez donc, M. Duchêne, allez donc...

DUCHÊNE.

Un moment de patience, faut d'abord que j'aille chercher l'arpenteur...

ADRIEN, *le poussant.*

C'est bien, arpentez, arpentez...

(*Il fait signe à Madame de Surville d'attendre un peu.*)

DUCHÊNE

Oui, oui, mais avant d'arpenter le terrain, faut d'abord faire un petit écrit pour le marché...

ADRIEN, *voulant redescendre.*

Tout ce que vous voudrez... mais allez-vous en.

DUCHÊNE, *le retenant.*

Non, non, venez avec moi... c'est l'affaire d'un moment... sans ça...

ADRIEN, *regardant toujours du côté de la petite porte.*

Ah! le maudit homme... Allons, dépêchons-nous. (*A lui-même*) Il faut le suivre pour l'éloigner... (*Il sort. Au même instant, on voit paraître Madame de Surville*).

SCÈNE XI.

MADAME DE SURVILLE, *vêtue en paysanne élégante, et portant un joli pot au lait.*

Jeannette la laitière,
Laitière du hameau,
Arrive la première,
La première au château.

Une douce espérance
M'invitait à venir;
Ici pour moi commence
Un meilleur avenir...

Jeannette la laitière,
Laitière du hameau,
Arrive la première,
La première au château.

(*A part cherchant des yeux.*)
Il n'est pas là. (*bis.*)
(*haut.*) C'est la laitière, me voilà....
Ah! pour moi quel bonheur s'apprête!
Mais en rêvant à mon projet,
Prenons garde, comme Perrette,
De renverser mon pot au lait.

Jeannette la laitière,
Laitière du hameau,
Arrive la première,
La première au château.

SCÈNE XII.

ADRIEN, MADAME DE SURVILLE.

ADRIEN, *rentrant.*

Vous près de moi, chère Amélie!... Est-il possible ! vous m'aimez encore ?

MAD. DE SURVILLE.

Détrompez-vous, monsieur, l'amour est étranger au motif qui m'amène...

ADRIEN.

On a voulu me perdre dans votre esprit... et moi aussi j'aurais pu vous accuser... Déjà l'on m'avait dit que vous étiez sur le point d'en épouser un autre...

MAD. DE SURVILLE.

Et... vous l'avez cru facilement.

ADRIEN.

Mais, je dois avoir confiance en mon oncle, il me semble ?

MAD. DE SURVILLE, *surprise.*

Ah! c'est lui ?... vous me permettrez d'avoir la même confiance que vous... car c'est lui seul qui m'a fait entendre...

ADRIEN.

En vérité ?... il nous trompait tous les deux !... pas mal pour un oncle...

MAD. DE SURVILLE.

Ne cherchez pas à vous justifier... vous êtes trop coupable... Mais... vous courez un grand danger...

ADRIEN.

Que voulez-vous dire ?

MAD. DE SURVILLE, *avec embarras.*

Votre liberté est menacée, et l'un de vos amis, M. Jules de Fontbel...

ADRIEN, *surpris.*

Jules !

MAD. DE SURVILLE.

Ne pouvant pénétrer ici, il m'a priée de vous offrir...

(*Elle tire un petit portefeuille*) la somme qui vous est nécessaire, et que votre oncle vous refuse... Et voilà, monsieur, ce qui m'a décidée à employer votre stratagème...

ADRIEN, *à lui-même.*

Jules! de l'argent! c'est par trop invraisemblable !...

MAD. DE SURVILLE.

On partage avec un ami...

ADRIEN, *souriant.*

Entre nous, on ne partage guères avec un ami qui n'a rien...

MAD. DE SURVILLE.

Comment ?

ADRIEN, *montrant la lettre.*

Et c'est ce qu'il m'écrit à l'instant.

MAD. DE SURVILLE, *à part.*

Que lui dire! et comment faire ?...

ADRIEN.

Chère cousine, votre cœur vient de se trahir... Mais, permettez que je vous refuse... Je ne veux vous devoir que mon bonheur... je ne veux m'occuper que de vous...

DUO.

ADRIEN.

Non, jamais les habits, du village
Ne m'avaient révélé tant d'appas;
Je vous vois en ces lieux ! doux présage,
Près de moi l'amour guide vos pas?

MAD. DE SURVILLE, *à elle-même.*

Quoi, vraiment, les habits du village
A ses yeux ont doublé mes appas;
Je le vois, en ces lieux, doux présage,
Près de lui l'amour guide mes pas...

(*haut.*) Mais monsieur...

ADRIEN.

Quel bonheur,

MAD. DE SURVILLE, *lui offrant le portefeuille.*

Croyez-moi...

ADRIEN.

Ma cousine...

MAD. DE SURVILLE.

C'est Fontbel...

ADRIEN.

Vain détour,

MAD. DE SURVILLE.

Mais enfin...

ADRIEN.

Je devine...

Votre ruse m'enchante;
Mais malgré votre attente,
Accepter vos bienfaits,
 Jamais!
Sans espérance aucune,
Je dois à l'infortune
L'amour que je rêvais;
Et ma reconnaissance
Sera dans ma constance.
Vous serez mes amours
 Toujours,
Accepter vos bienfaits,
 Jamais!
Mais chérir mes amours...
 Toujours.

MAD. DE SURVILLE.

Des amitiés constantes
Les offres obligeantes,
N'ont été des bienfaits
 Jamais.
L'amitié peu commune,
Toujours à l'infortune
Vient offrir un recours.
Quoiqu'à la récompense
Jamais elle ne pense,
Elle offre son secours
 Toujours,
Sans compter ses bienfaits
 Jamais,
Elle offre son secours
 Toujours.

MAD. DE SURVILLE.

Mais quelqu'un de cette maison peut nous apercevoir.... laissez-moi partir. *(Fausse sortie).*

ADRIEN.

Personne ne peut nous surprendre!.... Ciel!..... Lafleur!....

MAD. DE SURVILLE.

Celui que j'ai le plus d'intérêt à éviter..... Comment faire?... *(Elle va du côté de la petite porte).*

ADRIEN, *la lui montrant.*

Il vient par là..... ce pavillon... entrez, entrez vite...

MAD. DE SURVILLE.

Délivrez-moi bientôt, de grâce....

ADRIEN.

Je vais le renvoyer; je n'ai qu'un mot à lui dire....*(Mad. de Surville pousse la porte de l'intérieur et ferme les persiennes).*

SCÈNE XIII.

ADRIEN, *près du pavillon,* LAFLEUR.

LAFLEUR, *entre par la petite porte, et regarde sans affectation à droite et à gauche.*

(A part.) Je crois que M. Adrien m'a pris pour un sot, tout à l'heure, il m'a appelé pour me faire prendre le change, et l'on a vu entrer ici une espèce de villageoise....

ADRIEN, *à part.*

Que dit-il donc ?...

LAFLEUR, *à part.*

Et j'ai une frayeur du diable que ce ne soit une petite laitière. *(Haut.)* Vous voilà, M. Adrien.... Eh bien ! vous vous ennuyez, j'en suis sûr....

ADRIEN.

Non... le sage aime la solitude; elle est favorable à la méditation.

LAFLEUR.

Je ne suis pas comme vous, je m'ennuie seul, et je viens vous trouver pour causer un peu....

ADRIEN, à part.

Le bourreau ! (*Haut.*) Tu t'ennuies ? tu ne prends pas assez d'exercice.... tu devrais aller et venir... dans l'intérêt de ta santé....

LAFLEUR, avec finesse.

Vous voudriez m'envoyer promener.... mais, ma foi, je ne bougerai pas de la journée. (*Il va prendre une chaise et s'assied vis-à-vis du pavillon.*) Et puis cet endroit me plaît... il est gentil; cette verdure, ce pavillon surtout !..

ADRIEN.

Tu as raison... cela ferait un charmant tableau... tu devrais aller chercher mes crayons et mon album... je te ferais le plus joli paysage pour mettre dans ta chambre...

LAFLEUR, à part.

Il veut se débarrasser de moi. (*Haut, se levant.*) Mais ça doit être là-dedans, vous l'y avez laissé hier... (*Il se dirige vers le pavillon.*)

ADRIEN, il adosse vivement une chaise à la porte et s'assied.

Je l'ai cherché tout à l'heure; tu le trouveras chez moi; va donc !... quand je t'en prie.

LAFLEUR, à part.

Elle est cachée là, c'est sûr... (*Haut.*) Tenez, vrai, je me sens fatigué. (*Il se rassied.*)

ADRIEN, à part.

Il ne s'en ira pas; faisons le jaser; s'il pouvait me donner encore une idée. (*Haut, en riant.*) Dis donc, Lafleur.... Sais-tu que tu es un fameux gascon.. tu m'as fait, ce matin, des histoires de l'autre monde!

LAFLEUR.

Foi de Lafleur, je n'ai pas menti d'une syllabe....

ADRIEN.

J'ai réfléchi depuis sur ton histoire de mon oncle et de la petite femme déguisée en laitière...

LAFLEUR, avec malice et se levant.

Eh bien Monsieur, est-ce que vous trouvez cela impossible ?...

ADRIEN, se lève et s'approche.

Tu ne me feras pas entendre qu'on ne les surprit jamais; il y a toujours tant d'importuns, de curieux, qui rôdent....

LAFLEUR, *finement*.

Les valets qui font leur ronde...

ADRIEN.

Certainement !... Il n'y a que les maris qui ne surprennent pas les amoureux...

LAFLEUR, *à part*.

Je vais bien savoir ce qu'il en est... (*Haut.*) Mais votre oncle était plus adroit que vous ne le pensez; il n'allait pas faire entrer une femme toute seule, c'est trop visible.

ADRIEN, *l'écoutant avec vivacité*.

Oui, c'est vrai, et bien ?...

LAFLEUR.

Il en faisait entrer une vingtaine par respect pour les mœurs... C'est excellent, parce qu'au milieu de la foule, une femme s'échappe facilement.

ADRIEN.

C'est adroit, en effet.... Mais... où donc les prenait-il ?

LAFLEUR.

Parbleu, les premières qu'il voyait passer les dimanches, les jours de fête... Tenez, par exemple, comme qui dirait aujourd'hui...

ADRIEN, *vivement*.

Ah! c'est aujourd'hui fête ?..

LAFLEUR.

Pour les attirer, il fredonnait une chansonnette qu'il avait apportée de ses voyages... un air des montagnes .. autant que je puis me rappeler...

ADRIEN, *vivement, avec curiosité*.

Ah!.. un air montagnard?..

LAFLEUR, *souriant*.

Oh ! la chanson est bien connue dans le pays, allez.....
on l'apprenait... de mère en fille.....

ADRIEN.

Et, tu la sais, toi ?...

LAFLEUR, *qui cherche dans sa tête*.

Attendez... je vais tâcher de vous en donner une idée...
Ah! m'y voilà... écoutez bien...

PREMIER COUPLET.

Au fond des bois un pauvre hermite,
Qui d'ennui mourait nuit et jour,
Un soir d'un ton bien hypocrite,
Disait aux échos d'alentour :
　　Venez, venez, venez!...
Jeunes beautés, sous cet ombrage,
D'entrer ce soir il est permis...
Venez, venez, à l'ermitage,
Et vos péchés seront remis.

ADRIEN, *allant vers le fond, où paraissent deux ou trois villageoises au-delà du saut-de-loup.*

Tiens... sa chanson fait de l'effet...

DEUXIÈME COUPLET.

LAFLEUR.

A cette voix, chacun approche,
Et bientôt s'en va répétant :
C'est singulier, au lieu de cloche,
C'est le galoubet qu'on entend...
　　Venez, venez, venez!...
Quoi, c'est l'ermite, sous l'ombrage
Jouant si bien l'air du pays....
Allons danser à l'ermitage,
Et nos péchés seront remis.

ENSEMBLE.

Venez, venez sous cet ombrage,
Où le plaisir vous est permis ;
Venez danser à l'ermitage,
Et vos péchés seront remis.

ADRIEN, *courant ouvrir la grille.*

Par ici, par ici,... venez, mesdemoiselles,
Entrez donc, car on danse au château.

LAFLEUR, *à part.*

Ah, je le tiens!... (*haut*) mais voilà du nouveau....
Que faites-vous ?...

ADRIEN, *à la cantonnade.*

　　Entrez, entrez les belles,
Je fais danser les jouvencelles...

LAFLEUR.

Mais, monsieur...

ADRIEN, *enchanté.*

Tu vas voir le superbe coup-d'œil,
Nous nous croirons au bal d'Auteuil.

SCÈNE XIV.

Les précédens, Paysans, Paysannes, *en habits de fête, les bouquets au côté et les ménétriers à leur tête. Ils entrent par la petite porte.*

CHOEUR.

C'est aujourd'hui la fête du village,
Vous l'entendez, amis, l'on vous engage
A venir danser au château;
Quittons la place du hameau.
(Les villageois forment des quadrilles.)

ADRIEN.

Allons, allons, en avant deux;

LAFLEUR, *à part.*

A mon tour maintenant... ne perdons pas des yeux
Le pavillon...

ADRIEN, *à mi-voix, près la porte du pavillon.*

Venez.

(*Mad. de Surville sort du pavillon, en tâchant de n'être pas aperçue; mais Lafleur qui la guettait, la prend poliment par la main.*)

ADRIEN ET MAD. DE SURVILLE, *à part.*

Il nous a vus!

LAFLEUR.

Tenez, monsieur, encore une danseuse...
Et je n'ai pas la main malheureuse...
Mais cela vous revient...

MAD. DE SURVILLE, *à part.*

Ah! nous sommes perdus...

SCÈNE XV.

Les Mêmes, LABRICHE, *puis* M. DE VALBONNE.

LABRICHE, *accourant.*

Sauve qui peut! voilà M. de Valbonne!..

ADRIEN, *effrayé.*

Mon oncle!..

LAFLEUR, *stupéfait.*

M. le Baron! (*aux villageois*) Sauvez-vous donc, drôles que vous êtes!... sauvez-vous donc

(Les villageois se sauvent en désordre par la gauche. Mad. de Surville, qui allait pour sortir, se trouve en face de Lafleur qui la retient et ensuite de son oncle et se cache la figure avec son tablier.)

M. DE VALBONNE.*

Que veut dire ceci? pourquoi ce monde qui se sauve à mon approche... ce bruit, ces danses?

LAFLEUR, *à part.*

C'est fini... nous sommes pris.

ADRIEN, *allant à lui.*

Ah! mon oncle, que je suis aise de vous voir!... souffrez que je vous embrasse.

LAFLEUR, *à part.*

Allons, Lafleur!... mon ami,... c'est ici qu'il faut tenir tête à l'orage.

M. DE VALBONNE, *à Adrien.*

C'est donc ainsi, Monsieur, que vous employez votre temps?...

ADRIEN.

Il faut bien prendre quelques distractions; et quel plaisir plus innocent que de voir danser de jeunes bergères? je les ai fait venir ici; on m'a dit que c'était l'usage en 87.

LAFLEUR, *à lui-même.*

Très-bien répondu, jeune homme.

M. DE VALBONNE.

Et qui vous a dit qu'en 87...

ADRIEN.

Mon oncle, c'est Lafleur.

M. DE VALBONNE, *lançant un regard à Lafleur.*

Ah! ah!... (*Il aperçoit Mad. de Surville*) Mais voilà une petite villageoise que je n'avais pas aperçue... (*Il s'approche*) Ma nièce?...

LAFLEUR, *appuyant.*

Non, M. le Baron... c'est une petite laitière.

* Mad. de Surville, M. de Valbonne, Adrien, Lafleur.

MAD. DE SURVILLE.

Vous devez me trouver bien coupable, bien étourdie, mon oncle, je vous ai manqué de parole ; mais...

ADRIEN.

Quand vous saurez pour quel motif..,

M. DE VALBONNE

Mais pourriez-vous me dire qui vous a donné l'idée de prendre ce costume ?..

ADRIEN.

C'est Lafleur qui prétend qu'en 87...

M. DE VALBONNE, *le regardant.*

Ah ! c'est Lafleur...

LAFLEUR, *avec assurance.*

Oui, monsieur, c'est moi.

(On entend dans la coulisse le bruit que font quelques bûcherons qui commencent à couper les arbres.)

SCÈNE XVI.

LES MÊMES, M. DUCHÊNE, *suivi d'un arpenteur.*

DUCHÊNE, *accourant, sans voir M. de Valbonne.*

Monsieur Adrien, ça marche, ça marche...

ADRIEN, *à part.*

M. Duchêne !

LAFLEUR, *à part.*

Le butor ! je devine...

DUCHÊNE.

La coupe est en bon train, monsieur Adrien, et demain vous aurez votre argent.

M. DE VALBONNE.

Comment son argent ?... une coupe ?... (*Quelques bûcherons traversent le théâtre en transportant des arbres coupés*). Qu'est-ce que je vois là ?... mes ormeaux ! mon vieux chêne !... monsieur, ceci passe la plaisanterie !...

ADRIEN.

Mon oncle, je voulais profiter de mon séjour ici pour faire valoir vos terres... Je savais que votre intention était de payer mes dettes...

M. DE VALBONNE.

Comment vous saviez...

ADRIEN.

Je connais votre cœur... vous n'auriez pas souffert que j'acceptasse des secours étrangers... On m'a écrit que pour deux mille écus on arrangerait mon affaire... Votre parc avait besoin d'être éclairci, et j'ai voulu vous faire trouver une bonne action et un bon marché.

M. DE VALBONNE, *avec une colère concentrée.*

Ne serait-ce pas encore Monsieur Lafleur?... qui...

ADRIEN.

Oui, mon oncle, c'est Lafleur... toujours du 87.

LAFLEUR.

Moi, monsieur!.. je ne vous ai jamais dit qu'autrefois monsieur le baron en avait fait autant!...

ADRIEN.

Tu sais bien, quand tu as raconté à M. Duchêne... Eh bien, j'écoutais, j'étais caché... là!

LAFLEUR.

Ah! oui... (*il rit*).

M. DE VALBONNE.

Alors, je vois qu'il n'y a ici de coupable que monsieur Lafleur.

LAFLEUR, *avec suffisance.*

Monsieur le baron me fait l'honneur de me dire...

M. DE VALBONNE

Que je vous chasse.

ADRIEN.

Mais, mon oncle, il ne m'a point conseillé... j'ai abusé de sa manie de raconter, de sa bonhomie.

M. DE VALBONNE.

Je vois combien j'avais tort de m'en rapporter à un vieux bonhomme, à un radoteur.

LAFLEUR, *exaspéré, avec chaleur.*

Un vieux bonhomme! eh bien! détrompez-vous!... je ne suis point encore un bonhomme!... et le génie qui a présidé à mes premiers exploits ne m'a point encore abandonné!... Je défie encore toute la valetaille moderne...

Qu'on m'en amène donc des domestiques du jour... et je leur montrerai ce que c'est que Lafleur! Pour la ruse, l'adresse, l'intrigue, je n'ai pas vingt ans.... et je jouerais sous la jambe tous les oncles passés, présents et futurs!

M. DE VALBONNE.

Comment, corbleu?

LAFLEUR.

Un radoteur! et c'est vous qui me traitez ainsi... vous avez oublié tous les hauts-faits de ma jeunesse... les cicatrices honorables que je porte sur le dos... sacrifiez-vous donc pour les maîtres! vous n'êtes pas touché par de tels souvenirs, en voyant que la seule mémoire des tours que vous avez faits a inspiré ce jeune homme, le seul rejeton de votre nom, et votre cœur ne bondit pas de joie en le voyant marcher sur vos traces... Mais puisqu'il en est ainsi, je quitte vos drapeaux, je renonce à porter une serviette pour vous... je me range du parti de la jeunesse et de l'amour, voilà mon élément... c'est là qu'un Lafleur se retrouve.... C'est là qu'il peut encore cueillir des lauriers... vous ne voulez pas les marier?... Eh bien! je lutterai contre vous, et je ferai tant et tant qu'ils s'épouseront, qu'ils seront heureux!... ce qui est bien plus fort... Ce sera ma dernière campagne... et je veux, comme je l'ai entendu dans une certaine comédie, qu'ils fassent faire mon portrait, et qu'ils écrivent au bas: *Vivat Laflorus Laflorum fourbum imperator ! ! !...*

(Il tombe accablé sur une chaise, en s'essuyant le front.)

M. DE VALBONNE.

Ah! ah! monsieur le drôle, vous vous révoltez?...

LAFLEUR.

Oui, monsieur...

M. DE VALBONNE.

Eh bien, M. Lafleur, vous n'aurez point l'honneur de me combattre; car dès demain, si madame y consent, c'est moi qui marierai mon neveu.

ADRIEN ET MAD. DE SURVILLE.

Est-il possible?

M. DEVALBONNE.

Oui, ma nièce, chargez-vous de le rendre sage, car pour moi, j'y renonce.

ADRIEN.

Ah! mon oncle... punir ainsi, c'est encourager le crime.

M. DE VALBONNE.

En faveur de tes dispositions à faire valoir les propriétés, ce château te servira de dot; tu pourras y faire des coupes tant qu'il te plaira.

DUCHÊNE, à Adrien.

Je vous demande la préférence.

MAD. DE SURVILLE.

Mon oncle, mettez-y cependant pour condition qu'il ne fera plus entrer personne par la petite porte, comme en 87.

LAFLEUR, d'un air résigné.

Quant à moi, monsieur le baron, il ne me reste plus qu'à vous demander mon compte...

M. DE VALBONNE.

Toi, me quitter, mon bon Lafleur!... nous avons commencé tous les deux, nous devons finir ensemble....

(Les villageois rentrent sur un signe d'Adrien.)

MORCEAU FINAL.

M. DE VALBONNE, à Lafleur.
Quand ta présence ici rappelle
Des souvenirs pour moi bien doux,
Mon compagnon joyeux, fidèle,
Reste toujours, reste avec nous.

ADRIEN et MAD. DE SURVILLE.
Mon cher Lafleur, grâce à ton zèle
Notre destin sera bien doux ;
Bon serviteur, joyeux, fidèle,
Reste toujours, reste avec nous.

LAFLEUR.
Si j'ai le prix de tout mon zèle,
Ici mon sort sera bien doux ;
A ce château toujours fidèle,
Je veux rester auprès de vous.

LES VILLAGEOIS et LES VILLAGEOISES.
Votre présence ici rappelle
Des souvenirs bien gais, bien doux,
A vos amis soyez fidèle,
Restez toujours auprès de nous.

FIN.